MÉTHODE

POUR

APPRENDRE A LIRE

PAR LE

SYSTÈME PHONÉTIQUE.

PREMIÈRE PARTIE.

LECTURE PHONÉTIQUE. -

PARIS,

A LA LIBRAIRIE DE FIRMIN DIDOT FRÈRES,

IMPRIMEURS DE L'INSTITUT DE FRANCE,

RUE JACOB, 56.

1853.

Le maître, en consultant l'Alphabet ci-dessous, se rendra facilement compte de la valeur des caractères phonétiques. Il doit se rappeler qu'elle est toujours la même, et que toutes les lettres se prononcent.

L'Élève ne devra passer à la seconde partie de la Méthode que lorsqu'il lira facilement tout ce qui est dans la première.

ALPHABET PHONÉTIQUE

Voyelles.		Consonnes.	
Lettres phon.	Valeur	Lettres phon.	Valeur
a	a	p	p
â	â	b	b
a̲	an, en	m	m
e	é	t	t
ê	è, ê, ai	d	d
ɛ	e	n	n
ễ	eu	k	k, q, c
i		g	g, gu
i̲	in	g̃	gn
o	o	l	l
ô	ô, au	l̲	ill, il.
o̲	on	y	y
u	u		f, ph
û	ou	v	v
u̲	un	w	w
		s	s, c
		z	z, s
		h	ch
		j	j, g
		r	r

Vûayêl *.

A **a**	al. ta. ra. pat. bak. la. fam. pap. dam.	balle. ta. rat. patte. bac. la. femme. pape. dame.
Â **â**	âl. tâ. râ. pât. bâ. lâ. flâm. pâ. dân.	hâle. tas. ras. pâte. bât. las. flamme. pas. damne.
A **a**	as. ta. ra. pat. ba. la. fla. pa.	anse. temps. rang. pente. banc. lent. flanc. paon.
E **e**	de. re. te. ete. epe. le. fe. zele. eme. pre.	dez. ré. thé. été. épée. lé. fée. zélé. aimer. pré.
Ê **ê**	dê. rê. tê. êtr. pê. lê. fêt. zêl. êm. prê.	dais. raie. tes. être. paix. les. fait. zèle. aime. près.
Ɛ **ɛ**	de. se. sel. nef. per. jen. el. ke. vef.	de. ce. seul. neuf. peur. jeune. œil. que. veuf.
Ɛ̂ **ɛ̂**	dê. sê. ê. nê. pê. jên. krê. kê.	deux. ceux. eux. nœud. peu. jeûne. creux. queue.
I **i**	ri. fil. pi. vis. li. il. isi. mi. si. di.	riz. fil. pis. vis. lit. ile. ici. mi. si. dit.
I **i**	ri. ri. fi. pi. vi. li. id. mi. si.	rhin. rein. faim. pain. vin. lin. inde. main. sein.
O **o**	or. por. od. om. ot. tro. mot. rok. bot.	or. port. ode. homme. hotte. trop. motte. roc. botte.
Ô **ô**	ô. pô. ôd. ôm. ôt. trô. mô. rô. bô.	au. pot. aude. heaume. hôte. trot. maux. rôt. beau.
O **o**	os. po. od. obr. ot. trop. mod.	once. pont. onde. ombre. honte. trompe. monde.
U **u**	ut. tu. vu. ru. kru. lut. but.	ut. tu. vue. rue. crue. lutte. butte.
Û **û**	û. tû. vû. rû. krûp. lû. bû.	ou. tout. vous. roux. croup. loup. bout.
U **u**	u. ubl. bru.	un. humble. brun.

---

* Lê mô done da se tablô kom egzapl, ne dûav pâ-z êtr lu par l'elêv, mê-z idiko selma par le mêtr, afi de fêr satir ô-z elêv la valer de hak vûayêl.

Koson [*].

P p { pa. pâ. pạ. pe. pê. pɛ. pê. pi. pị. po. pô. pọ. pu. pû. pụ.
{ ap. âp. ạp. ep. êp. ɛp. êp. ip. ịp. op. ôp. ọp. up. ûp. ụp.

B b { ba. bâ. bạ. be. bê. bɛ. bê. bi. bị. bo. bô. bọ. bu. bû. bụ.
{ ab. âb. ạb. eb. êb. ɛb. êb. ib. ịb. ob. ôb. ọb. ub. ûb. ụb.

M m { ma. mâ. mạ. me. mê. mɛ. mê. mi. mị. mo. mô. mọ. mu. mû. mụ.
{ am. âm. ạm. em. êm. ɛm. êm. im. ịm. om. ôm. ọm. um. ûm.

apâ. epe. ipô. epû. epê. abe. bau. bọbọ. abi. ami. amô.
ama. eme. pomô. momạ. ebai. ụ pô. ụ pị. ma pûpe. pê a pê,
ụ bô popọ. êmọ bọ papa. êm ụ pê.

T t { ta. tâ. tạ. te. tê. tɛ. tê. ti. tị. to. tô. tọ. tu. tû. tụ.
{ at. ât. ạt. et. êt. ɛt. êt. it. ịt. ot. ôt. ọt. ut. ût. ụt.

D d { da. dâ. dạ. de. dè. dɛ. dê. di. dị. do. dô. dọ. du. dû. dụ.
{ ad. âd. ạd. ed. èd. ɛd. êd. id. ịd. od. ôd. ọd. ud. ûd. ụd.

N n { na. nà. nạ. ne. nê. nɛ. nê. ni. nị. no. nô. nọ. nu. nû. nụ.
{ an. ân. ạn. en. ên. ɛn. ên. in. ịn. on. ôn. ọn. un. ûn. ụn.

taba. tapi. tạpọ. tetụ. ete. û ti. pàte. bûtọ. batô. panê. abati.
depute. abạdone. il a batu tọ mûtọ. tu a dɛmạde ụ bọ dine.
tu nɛ di pâ tû. tu a ụ bọ e bô bàtọ. tu a done mọ pɛti dịdọ.
tu nɛ pê pâ mɛ done dɛ taba. tu a bu tû tọ tonô. tu a dine a dɛmi.
a tu ụ bọ batô. tu a bô tạ. tu a mi ụ bàtọ. tu a ụ pàte a tọ dine.

K k { ka. kâ. kạ. ko. kô. kɛ. kê. ki. kị. ko. kô. kọ. ku. kû. kụ.
{ ak. âk. ạk. ek. ôk. ɛk. êk. ik. ịk. ok. ôk. ọk. uk. ûk. ụk.

G g { ga. gâ. gạ. ge. gê. gɛ. gê. gi. gị. go. gô. gọ. gu. gù. gụ.
{ ag. âg. ạg. eg. ôg. ɛg. êg. ig. ịg. og. ôg. ọg. ug. ûg. ụg.

G ḡ { ḡa. ḡâ. ḡạ. ḡɛ. ḡô. ḡɛ. ḡê. ḡi. ḡị. ḡo. ḡô. ḡọ. ḡu. ḡù. ḡụ.
{ aḡ. âḡ. ạḡ. eḡ. ôḡ. ɛḡ. ɛḡ. iḡ. ịḡ. oḡ. ôḡ. ọḡ. uḡ. ûḡ. ụḡ.

---

[*] Le monitɛr, a mọtra-t un koson, aprɑ-t a l'elêv k'ɛl a pôr nọ la koson mêm suivi de la vùayɛl ɛ. Pui-z il a-n ṛdik imediatma l'elê-t ɑva-t il aprê-z un vùayɛl.

kaba. pakê. kano. pegē. kadô. kanô. geno. bêgê. gâge.
kopagi. akademi. kagê. kogē. kagô. to matô ê degûta. tu a
do degene. pêtu dedegē se tobô. tu a idigē tû to pei. ke ditu de
mo peti pûpo. ata u moma. tu ê tobe. tu a batu to peti mûto.
tu a gâge to amô. Le po de to pei ê bô. tu ê tobe da lê kanô.
Le kano a tone. tu ê kagê. tu a batu ma geno. tu a du gigo.

L l | la. lâ. la. le. lê. le. lê. li. li. lo. lô. lo. lu. lû. lu.
   | al. âl. al. el. êl. el. êl. il. il. ol. ôl. ol. ul. ûl. ul.

L l | la. lâ. la. le. lê. le. lê. li. li. lo. lô. lo. lu. lû. lu.
   | al. âl. al. el. êl. el. êl. il. il. ol. ôl. ol. ul. ûl. ul.

Y y | ya. yâ. ya. ye. yê. ye. yê. yi. yi. yo. yô. yo. yu. yû. yu.
   | ay. ây. ay. ey. êy. ey. êy. iy. iy. oy. ôy. oy. uy. ûy. uy.

palê. pûlê. kolo. bûlo. melo. batalo. yataga. peye. mûle.
nâlo. pile. payi. pûlâle. kopagi. to lê a bûli. o te di de done
to patalo. tu a depûle to lapi. il a gâge ô lotô. Napoleo a gâge
dê koba. ke di tu la? je vê a la al. pê tu me demalde de te done
de mo pi. il a pile le pei. tu a gâge le amô. tu êm do le pi bi.
il a lese la mi. koma pê tu dine? il a pile. il a peye tû so du.
tu a mûle to patalo. u vala batalo.

F f | fa. fâ. fa. fe. fê. fe. fê. fi. fi. fo. fô. fo. fu. fû. fu.
   | af. âf. af. ef. êf. ef. êf. if. if. of. ôf. of. uf. ûf. uf.

V v | va. vâ. va. ve. vê. ve. vê. vi. vi. vo. vôi vo. vu. vû. vu.
   | av. âv. av. ev. êv. ev. êv. iv. iv. ov. ôv. ov. uv. ûv. uv.

W w | wa. wâ. wa. we. wê. we. wê. wi. wi. wo. wô. wo. wu.

tu a fi. tu vê du pi. fê du fê. il fê du va. tu va da le wago.
reli to kaye. il fô gâge to pi. il a peye. ta monê ê fodu. tu a
fadu le bâto. il va fûle da to li. il dekû to patalo. il a fê u fô pâ.
tu a vûlu gâge du ta. fô du pi û va a demade. le batô a voge
lota. il fô vele.

S s
| sa. sâ. sa. se. sê. sɛ. sê. si. si. so. sô. so. su. sû. su.
| as. âs. as. es. ês. ɛs. ês. is. is. os. ôs. os. us. ûs. us.

Z z
| za. zâ. za. ze. zê. zɛ. zê. zi. zi. zo. zô. zo. zu. zû. zu.
| az. âz. az. ez. êz. ɛz. êz. iz. iz. oz. ôz. oz. uz. ûz. uz.

Tû sɛ kɛ tu fê mɛ va. Fê tu kûpe tê sizô. Va da so magazi. Il a beze so pɛti minê. Tû se kɛ tu di ê konu. Om e a fa vo dase. Il ê la rize du pei. Il a bu e pâse so ta a kôze. Jɛ nɛ vê kɛ sɛla. Tu a kâse so kûtô. Tu a fê sɛ kɛ tu a pu e no sɛ kɛ tu a vûlu. Sê tu kɛ so jupo dɛ bâzi ê gâte? Tu a ezema sôve to mulê. Il a so sôsiso da so gûsê. Sa mêzo va tobe. Sa si ê gâte. Va a so magazi. Il savê sôte. Tu uz to sârô. Il ê râze.

H h
| ha. hâ. ha. he. hê. hɛ. hê. hi. hi. ho. hô. ho. hu. hû. hu.
| ah. âh. ah. eh. êh. ɛh. êh. ih. ih. oh. ôh. oh. uh. ûh. uh.

J j
| ja. jâ. ja. je. jê. jɛ. jê. ji. ji. jo. jô. jo. ju. jû. ju.
| aj. âj. aj. ej. êj. ɛj. êj. ij. ij. oj. ôj. oj. uj. ûj. uj.

Lɛ ha a majɛ lɛ hapo. Jɛ vê hate. Tu a jeté to hapô. Il a gajɛ dɛ jeto. Tu a u bô jê. La juma ê lɛ hamô o maje. Jɛ vê mûhe to pɛti. Il fô hase lɛ movê sujê. Il fô tû raje da la mêzo. Hakû sê sɛ kɛ tu a maje. La nesesite fê bôkû. Sê hɛvô o dejéne. Il a u ha ehapɛ.

R r
| ra. râ. ra. re. rê. rɛ. rê. ri. ri. ro. rô. ro. ru. rû. ru.
| ar. âr. ar. er. êr. ɛr. êr. ir. ir. or. ôr. or. ur. ûr. ur.

Il mê la hâru deva lê bê. Le hâro a raje so rabô. Il fô raje lɛ reyo. Il fô ratahe lɛ ridô. Le hâro mê u rê a la rû. Tu rɛni tê para. Le bô ta reparê. Il nɛ vê pâ de ri. Si jɛ fê sɛ kɛ je di, je fê sɛ kɛ je pê. Jɛ nɛ me di pâ sava. Le pave a ete rɛmi. Ta juma ê lâhe. Le hɛmi a ete a dɛmi répare, il sɛra fini dɛmi. Le mûtô sɛra mene ludi a Avigo. Il fê hô a Pari. Simeo a ete a Pasi. Il ira a Bezaso. Le bo gâtô sɛra maje. Le movê sɛra jɛte. Lê muti

so puni. Napoleo sera admire a tû ta e a tû pei. Mo jupo sera
fini jêdi, e to patalo de naki le lademi. Il fera bô ludi, iro nû
dase? H e fatige. Tu e mûle. Il ira ô galô si tu le vê. Il e
kola de tû. Afa migo a ta mama, tu jûra a mîdi. Jé vê me kûhe.
Il fô te leve. Il a gûte mo vi. Hakû va de so kôte. Nû dasero
demi. Le bo sujê sero rekopase e le move sero puni. Il fô de
la severite. Le batô va havire. Le batô e kase. Se so de move
sujê. Se jigô fera u bo rôti. Mo situro e detahe. Le basine
de mo fuzi e rûle. Le peti a tahe so sârô. Il a lu tû se qui e da
so kaye. Je e le meha. Le ha epi la sûri. Ke me demade vû? Je
fe selo se vê. Il e tobe da le fê. Il a sezi sa ah. Il a mî so kûtô
da le gûse de so jilê. Il e da la mêzo. Nû kôzo bô kû. Alo sûpe.
Ke vêtu maje? Ke fôtu isi? Il ira se kûhe da so h. Je vê me
bege; je sê naje. Il li kûrama. Mê to fuzi ô repô. Il fô ke tu
al a Pari. Êl ne medi pâ de so mari. Il ba so ha e tu sa pi. Mo
hapô e tobe, il e sali. So jupo e tahe. Nû demadô de hevô;
il a fô de bo, mê je ne vê pâ de juma. Il fê hô se mati. Il nû
vêra demi. Tu a do kûpe la kê de se dido. Il va a kûra. Ne
di ke se ke tu sê. Nû pêyo dê sû. Nû pêgo sê heve. Il ne vê pâ
maje de lapi. Ne fê pâ de dégâ. Si tu e tu sera ai, si tu ba
tu sera batû. La jalûzi avili le jalû. Di ki tu ât, je te dire
ki tu ê. At le bo tu sera bo. Il ne fô pâ juje a la vu de kalite
du vi. Ki ne di mô kosa. Jê de mi, jê de vili. Tu a maje
mo dine, bu mo vi e gûte mo kafe. Le ri a bûli lota, il sera
epê. O vê de la fidélite e de la verasite. Ne mâ jamê, il dira
la verite. O punira la feloni. Il a u le kolera. Sê bê vo
labûre. Va ardima e koba valama. Il a gâge ô jê. Om e afa
so venu nû vizite. Ja a u joli batô. Nû reveno de Dijo.

Un vùayêl atr dê koson.

pap pip pop pûp pom pôm pat pàt pat pit pên pàk pik pag pêḡ pêl
pil pòl pùl pàl pil pùl pêy pùf pav pɛv pâs pas pis pûs pêz pôz pêh
poh paj par pêr por pûr bob bôm bêt bot but bad bod bin bon bak
bak bêk bûk bag bêḡ bêḡ bal bâl bêl bùl bal bil bɛf bav bâs bês bos
bâz bâh bêh bih buh bûh bâr bɛr bor bur bûr mêm mim mat mot
mot mod mod man min mak mal màl mêl mɛl mul múl mês mis
mûs miz mâh mah mêh mih mûh maj maj mar mêr mɛr mor mur
tap tap tip tôp tob tub tat têt tit tot tût tak tok tàl têḡ tûf tàs tûs
tah tàh tûh tij têr tir tor tûr dam dim dôm dat dêt dot dùt did
din don dun dok duk dag dig dog diḡ dal del dûv das dis dûs dôz
dar dir dor dur nap nip nat not nên nuk nul nêf nɛf nɛv nos nos
nih naj nêj nor kûp kom kêt kit kôt kût kûd kan kok koḡ kêl kol
kos kil kav kuv kûv kâs kah kaj kar kɛr kor kûr gêp gàt gat gid
gên gal gɛl gâz gêz gàh gôh gaj gàr gêr ḡaf lûp lam lim lat lat lad
lêd lên lun lag log liḡ lav lêv lûv làs lis làh lûh loj loj lar lir las
yên yod fam fat fêt fit fin fig fil fûl fêv fôs fàh fôh faj fig for fûr
vit vût vid vag viḡ vɛl vil vol vêl vɛf vif viv vis vàz viz vah vôj
var vêr vir wig war wir sis sôs sêp sûp sêm som sêt sit sot sôt
sên sak sêk sik sok sêḡ siḡ sal sɛl sôl sɛl sil sêv sêz sûh saj sij soj
sɛr sor sur sûr zêd zôn zɛl hap hôm hat hat hut hên hok hàl hêf
hôv hàs has hêz hôz haj har hêr jup jab jat jût jɛn jên jòn jàk jêl
jâz juj jar jur jûr ràr rir ràp rob ram rum rat rat rût rêd rid rod
rud rên rôn rok rêḡ roḡ ròl rûl ràl rúl rêy rôv ras ris ros ros rûs
rôz ruz rih roh ruh raj raj roj rûj.

Egzêrsis.

par taj. por tal. por tɛr. pûr tûr. bas kul. bak rût. bûr gad.
mal sên. mar mit. mêr vêl. mûs tah. tak tik. tor tur. dis pas.
dis kûr. dok tɛr. nor mad. kap tif. kol bak. kor bêl. kos tas.
kûr tin. kar tûh. gar gûs. gûr mad. gûr mêt. lêk tur. for tun.
fûr bir. fûr hêt. vik tim. vol tij. sêr kɛl. sêr vat. har pat.
jak tas. jûr nal. rêp til. rup tur.

Lɛ pêr dɛ tût la natur a vûlu lɛ bonɛr dɛ tûs. Fê lɛ mɛlɛr uzaj
dɛ ta rêzo, ɛkût la tûjûr. Lɛ kɛr ɛgar sû va, la rêzo nû dirij avêk
sa jês. La kolêr ko sêl mal. Il pêy lê fôt dɛ sa jɛnês. Il a mûle sa
hɛmiz e a gâḡe u rum. Lɛ jeneral êtê maḡifik avêk so kostum.
Lɛ kû dɛ lag ê pir kɛ lɛ kû dɛ las. Il karês so hɛval, il rɛpûs sa fam.
Il fô dir lê hôz kom êl so. U fû nɛ modêr pâ sa lag, il nɛ pê sɛ têr.
Ki dor din. Il fô garde kêlkɛ hôz pûr lê ta dɛ malɛr. Il ê lâ, êl ê
lâs, nû som tûs lâ, mê la fatig nɛ nû rɛbut pâ. Pê parle, pê maje
nɛ fir jamê dɛ mal. Lɛ hasɛr sɛ dirij ô galô sur la liḡ, il tir so
kû dɛ pistolê, so hɛval sɛ jêt dɛ kôte, il a rɛsu un bal a la jab.
Lɛ kapitên ê mor. Lɛ sêrja ê sɛvêr. Jêrmi a dezobei, il ira a
la sal dɛ polis. Il a pêrdu sa bayonêt. Lɛ solêl fê murir lɛ rêzi,
la viḡ anos un bêl vadaj, o fɛra du vi avêk abodas. U hên nɛ
tob pâ pûr u sɛl kû dɛ ah. La dûl dɛ mo fuzi sɛ mûl e sɛ rûl.
Il pêh a la liḡ asi sur lɛ sɛl du mûli. Ki nɛ konê pâ la valɛr du ta
sê pê dɛ hôz. Ki nɛ dût pâ nɛ sê pâ. Lɛ jûr ê pur, la natur ê bêl.
Ki nɛ sɛ lâs pâ, sê bôkû dɛ hôz. Kêl ami ira lɛ hêrhe? Kɛ nû
dit vû la? Lê gâzo so vêr. La kapaḡ ê maḡifik. Lɛ hɛval ê lâhe.
Têl vi, têl fi. Ki kâs lê vêr lê pêy. Il a u pêḡ. Jul maj un pom.
Amede gût la sôs. Kêl maḡifisas! Pol sûlaj lê malɛrɛ. U navir

8

ô mûlaj. Dε kêl εl atu vu sêt om? Sêt jεn fam heri sọ mari,
e tût sa famil lui ê hêr egalma. Nε fê pâ dε mal a tọ mulê. Il sọj
tût la jûrne ô tọr kε tu nû fê. Nε tε sôv pâ, ê bọ kûraj, kar la ọt
ê pir kε la mor. Ekût la justis a tût hôz. Mọ kûzi kit sọ vilaj e
par pûr la vil. Sêt om ê rεdûte. Sêt afa ê savạ. Kêl orgεl te
posêd! Moskû êtê la kapital dε la Rusi. Nε kεl pâ dε rôz dạ mọ
jardi, maj dê pêh, e vạ sur le rivaj. Le rεtûr du fis rεpatạ kọsol
sê parạ. La pir ô ê sêl ki dor. Ki dor lọtạ ne sεra jamê savạ.
Si tu fê du mal atạ du mal. Parle sạ pase, tire sạ vizε. A kêlke
hôz malεr ê bọ. Le saj atạ a dεmi mộ. Sûvạ la pεr du mal vû jêt
dạ le daje. Fêt sε kε vû dεve e lese dir lê sô. Ọ sε rεpạ rârmạ
dε sọ silạs. Avạ dε fêr, pas a sε kε tu vê fêr. Defạ tûjûr la
bon kôz. Sạ la vêrtu pâ dε bọnεr. Le solêl hôf tû le mọd. Lê
mûh pik fọr sε matị. Lê pijọ maj lạ sεmạs. Le pap abit Rom.
Kêl uzaj fêt vû dε sêt mahiṇ. Pari ê lạ melêr vil du mọd. Tu
kεl dê pêh. Kêl ardεr anim sọ kûraj! Kêl vêrtu surumên dirij u
si mạganim efor! Il sortịra sêrtênmạ vịker du kọba. Êspêr,
mọ fis, dạ la vêrtu, e sah kε si êl nε mên pâ tûjûr a lạ fortun,
êl dọn tûjûr la pê du ker. Ma fam êm bôkû sọ fis, e sa fil akor
dạvạtaj. Kεl dê rôz, dê tulip, du jasmị, dê rεnọkul e kọpôz nû
u mạgifik bûkê. Sêt animal nε maj pâ, il dεvor. Jε vê fêr bâtir
ô rεtûr dε la bêl sêzọ. La fεl du lilà ê dûs e lis, mê lạ tij ê
rugêz. Se hεval galop avêk ardεr; il pêr pûrtạ sa distạs. La
kolêr ispir la vajạs. Pâs par le vêrje, tu kεlra du haslâ. Il maj
dê fig dạ le jardị, il ramâs dê pom dạ le vêrje. Il εkût la mês
avêk rεkεlmạ. Il naj avêk enêrji pûr gâḡe la riv. Le hεval a
sortạ a aporte la hârêt. Sa pεtit fil sòt sur sê jenû. Il a mal
a la jab. Le vô têt la vah e le pûli kûr avêk la junạ. Sêt nûvêl

ajit tû lɛ mod. Lê peiza sǫ dạ la pên. Nù devǫ herir e onore la fam kom mêr, kóm sɛr e kom epûz. Éspere é deja u bonɛr. Om, fam, ạfạ, maj dê hâtêg̃ e kûh sur dê fɛl. Lɛ marị êm sǫ navir, le hasɛr êm sǫ heval. Si tu konê tê defô tâh dɛ tɛ korije. Il pâs lɛ bak ô dɛsu du pǫ. Tu vê pâse la mǫtag̃. Le bûhe a fûrnị du bɛf pûr lɛ rǫti, dê kotlɛt dɛ mûtǫ, du rǫg̃ǫ dɛ vô, il a donɛ sêt os par dɛsu lɛ marhe. Êm tu la barbu, la sol, la limạd, lɛ turbô, lɛ mêrlạ? Tû sɛla sɛ pêh dạ la mêr, sur la kôt. Lɛ rɛkị e la balên nɛ sǫ pâ bo a maje. Lê Normạ êm lê bon pom, lê Bûrgig̃ǫ lɛ haslâ. Lɛ rêzị dɛ vig̃ e surtû bǫ dạ lɛ midi. La karkas dɛ sɛ navir ê tût pûri, il fô lɛ kalfate e lɛ hevilẹ. Lê hevil ạ zịk nɛ dur pâ lǫtạ; lɛ fêr dur davạtaj. Sêt fam ê dạ la mizêr, sa jup ê tût pêrse, sê bâ sǫ sạl, sǫ fihu ê dehire. Lê kanar sǫ dạ la mar, il barbot a lɛr êz. Tǫ pêr é mor, tu va rɛkɛḷir u rih eritaj. Ta mêr tɛ lês ajir kom tu vê; tu va abuze dɛ ta libêrte. Sǫj kɛ la sajês ê lɛ hemị du bonɛr. Sǫ navir vog sur la mêr. Il i ora un tạpêt. La mag̃ifisạs amuz la multitud; la sajês ê fêt pûr lê saj. Il fô gerir lê fû e punir lê mehạ. Mê la foli mên a la mehạste. Don nú dɛ bon rêzǫ, tâh dɛ fêr resortir ta vêrtu. Tu uz ta kaskêt. Il maj un karkas dɛ volâḷ. Kalkul tût lê hạs. Mûḷ e lav tǫ lij, surtû savon lɛ, lesiv lɛ, etạ lɛ, sêh lɛ, repâs lɛ. Sêt om mạk dɛ kɛr, il rɛdût la pên. Lɛ lê a tûrnɛ. Lɛ vị dɛ hạpag̃ mûs fạsil mạ. Lê fɛl pûs rapidmạ. Lɛ bonɛr ê surtû dạ lɛ kɛr. Tu pâs tǫ tạ a dir dê fạdêz. Ta mêr fil sa kɛnûl. A lɛ he vû jạ dɛ la nos, lê vạdaj sǫ fêt. Lɛ vị ê dạ la kuv. Kâs sêt buh, êl ê dur. A lum la lạp, ɛtị la hạdêl e la bûji. Nɛ tɛ vat pâ dɛ tê tor. Pâs par lɛ por, tu verạ u navir. Sɛ mili têr a un bon tɛnu. Va tu sûvạ a la mês e a kǫfês?

Un vûayêl e dê koson ki sɛ suiv.

apt pti opt pnô pla apl pla ple plê plê pli pli plo plu âpr pra pre
prê prê ipr pri pro prû abl âbl abl bla ble blê blo ubl brâ abr
bra bri brô obr êbr bru brû bru mne imn mni mnu âtr atr êtr
trê tri tri tro ôtr trô ûtr trû dra drâ drê idr idr odr dru knô akt
akl kla kla kle klê kle kli klô okl klû aks iks iks akr âkr akr kra
kre krê krê kri kri okr krô kru agl gla glô ogl glu glû grâ gre
êgr gri gri ogr grô gru afl fla flô flo flu flû afr fra frê fri fri ofr
frô âvr ɛvr ivr ûvr spa ast ost slo hnu hli jnê jnû rpâ rpô rpu
arl rla url ûrl ars êrs rsô rsu ûrs.

Egzêrsis.

a fro.   a grê.   a glê.   fra sê.   e kra.   e kri.   e krû.   fri ya.
bra do.   bro dri.   bru yêr.   brû lar.   brû sâl.   pa trô.   pa tri.
pla tô.   pla trâ.   pli ye.   plo jo.   plê ga.   pro hi.   si tro.   ko frê.
kû plê.   krê yo.   kro hu.   dra go.   ês pri.   e pro.   fla bô.   fri po.
fri lê.   gla so.   gru ô.   glu a.   gra dir.   gri zo.   gri zâl.   gêz ri.
gro go.   gro gar.   lɛ vrô.   la prô.   ska dal.   skâ brê.   spi ral.
skɛ lêt   ta blô.   trê nô.   tra jê.   tra val.   trû vâl.   tri ple.   tru fe.
a gra dir.   a gra fe.   a fli je.   a flu a.   a bri kô.   ar bri sô.   a tre ya.
a tri bu.   os tra li.   bô dri ye.   bê glɛ ma.   bri ga daj.   bû kli ye.
sa gli ye.   har don rê.   kli got ma.   ko pli ma.   kre a tɛr.   de klâ me.
dê zas trê.   dro gri.   drô lri.   e kri tô.   e gra ti gur.   a kri ye.   e trɛ ne.
fle tri sur.   go flɛ ma.   u blɛ ma.   i kre dul.   mɛr tri ye.   mos tru ê.
ne gli ja.   o bli ja.   pnê ma tik.   pre zi da.   ska pu lêr.   spa da si.
spe si fik.   si flɛ ma.   su plɛ a.   su plɛ ma.   tra je di.   tri bu nal.
tra blɛ ma.   tre pi ge.   tri plɛ ma.   a tra bi lêr.   a pla nis ma.

de rɛ glɛ ma. a ni vrɛ ma. a trɛ prɛ ner. e tra glɛ ma. e gze ku te.
i dro gra fi. i ḡo blɛ ma. mal pro prɛ te. spe ku la tɛr. sta bi li te.
stu pi di te. ko fra tɛr ni te. de plo ra blɛ ma. e gze kra blɛ ma.
spla dɛr. spla did. stra po tı. stra ta jêm.

U̲ traval produktif. U̲ fla bô bro ze. Un blɛ sur pro fo̲d. U̲ gri̲
dɛ ble. U̲ pi̲ bla. U̲ lo̲ sti lê. La klamɛr popu lêr. Le stupid
animal. U̲ flatɛr e fro̲te. U̲ jeni i̲dustriyê. U̲ strapo̲ti̲ êlvo.
Un statur kolo sal. Dê kri pli̲ tif. U̲ gra kredi. U̲ jûr bri la̲.
Le to nêr a gro̲de. Jɛ kri̲ dɛ gra malɛr. Le fê a brule mê klô tur.
La sta tu dɛ granit a etɛ bri ze. Le va a fê gra̲ tor a mê jɛn pla̲.
Sêt fam ê devot; êl jên ko̲s ta ma̲. Le ha pro̲ dɛ mo̲ mur ê degra de;
il sɛra retabli da̲ la sêzo̲ prohên. Vô hɛvô so̲ tro fri̲ga. La
pri̲sês a dɛ gra̲ hɛvê blo̲ tû bûkle. Se fabrika̲ a noblɛma̲ retabli
sa fortun. Il a ajûte u̲ nûvêl ekla ô no̲ dɛ sa famil̲. Lê fla̲ du
kotô so̲ pla̲tɛ dɛ grô sê dɛ viḡ. Lê pɛpliye so̲ tro no̲brê da̲ to̲ pre.
Jɛ va̲dre mo̲ blɛ ô prohi̲ marhɛ. Malgre tû mê travô mo̲ ha̲ demer
steril; jɛ trûve plu dɛ profi a a̲ fêr un preri. La proprɛtɛ
ko̲tribu a a̲trɛtenir la sa̲te. Traval̲ vô pri yêr. A bon ko̲si̲as
somêl̲ tra̲kil. La vêrtu a̲sêḡ a meprize la mor. La fra̲hiz deplê;
êl ne sê pâ trair la verite. U̲ la̲gaj flatɛr kah tro sûva̲ dɛ pêrfid
projê. Lê promês so̲ plu frekama̲ tro̲pêz kɛ si̲sêr. Le plezir si̲
fujitif sɛ rahêt sûva par dɛ lo̲ hagrı̲. La freyɛr nû fê to̲be da̲ lɛ
peril; la bravûr nû lɛ fê fra̲hir. La vi tra̲kil e la vi inokupe so̲ dê
hôz trê diferat̲. La parês prokur lɛ hagri̲ e la mizêr; lɛ traval̲
don profi e ko̲ta̲tma̲. La pòvrɛtɛ izol; la fortun nû fê rɛhêrhe.
Mi̲tɛna̲ kɛ jɛ posêd u̲ trûpô e u̲ pre haku̲ mɛ don lɛ bo̲jûr. Nɛ tɛ
mêl a ôku̲ ko̲plô kla̲dêsti̲. A tût afêr la probite ê lɛ gid lɛ plu sur.
Le pri dɛ la vrê vêrtu ê lɛ plezir mêm dɛ la pratike. Tro dɛ

kredulite mén a la stupidite. Le stratajém é bo a la gér. Evit de fér se ki éksit la jaluzi. Un brebi galéz gât tu le trupô. Nu kriyo bôku tro. La flatri é dûs mé tropéz; la frahiz é rud mé sisér. U lagaj brila difér le plu sûvâ du lagaj de la rézo, ki se distig par la gravite. Un plézatri deplase pé blese kom un ijur. La probite nu don le kredi. Ki di vré é tûjûr kru sur parol. Ki a tropé sera tropé a so tûr. Le kosél diskutra demi le dekré ki statura sur nô griyéf. Ôtr hôz é de dir e de fér. Pra tûjûr la frahiz pûr gid. Le kûraj é plu pruda ke la per, la siserite é plu saj ke la duplisite. La mehaste é la pir dé maladi. Je pli le meha, kar il é maléré. Il fô le punir pûr le gerir, é prezérve sé ki so tate dé le devenir, kar se mal se gâg fasilma. Le trával sel don du pri a la hôz, kar o se sûsi pé de se ki don pé de pén. Ka la nûritur vû paré fâd, asézone la avék du trával. Pra le bef pûr laburé, le hamô pûr porte, le heval pûr kûrir. Jâdis lé plu grâ sûvri avé da ler palé de la pâl pûr tápi, bôku de ja né porté pâ de lij. La rén Izabél fi vé de ne pâ haje de hemiz ta ke la vil de Grenad né seré pâ radu. De la é venu le no de la kûler Izabél, ki été sél de so vétma. La grenûl koas, le korbô kroas, le kok hat, le mûto bél, le lû url, le heval éni, le torô muji. Tu kri, tu te dezéspér, il seré plu saj de travale a repare le mal. Kalkul ta depas, ekonomiz plutô ke de tro depase. Uz du kredi, mé péy ka tu a promi. Le masoj é si oté ke le matér mém a rûji. Le rejima a batâl a ropu par ploto. Par le flâ a gôh e par fil a gôh. Komade alt, fro. La viger de so brâ eton tu le mod. Il ûvr so ker ô plu dû satima. Admir la brodri de sa kravat. Pra le flabô sur la hemine, e mé lé sur la komod. Mûh la hadél, alum le fé, eti la lap.

Un vûayêl e pluzier koson.

pàkt palm palp papr park pàtr pôvr pitr pidr pepl pulp pûtr plur
pluh plah padr pêrs présk pérh pêrdr pradr plus plum plan lis
plûz proh prim prun pêrt pêst pûdr pist plas plah plat plat plak
plên pluh pler plit podr port post priz barb batr bêrj bûrj bêrn
bibl bistr blah blok blod bord bûkl bûrk brah brâl bras brêh brêf
brib brik briz brah broh broz bros brûl brum brun brut bufl bulb
mêtr mabr mark marbr marh mârs marj marn martr mask motr
mêrl mebl mers mertr mostr mordr mûdr musk tabl tart tapl tadr
têrn têrm tidr todr tordr torh tras tras trah trûs trêfl trêl têrtr
trel tripl trist trok trôn trok trot trûp trûbl dûbl dêkstr disk dopt
dram drag drog drôl nakr narg nàvr nêgr nêrf nitr nobl nobr
kàbl kàdr kask kalm kabr kàfr kafr kàpr kapt kard karm karg
kart karp katr klak klàs klôz klêr kloh kobl kotr kors kûpl kûrb
kûrt kûvr kràb krap kruh kràn krim krût krit kridr kriz kroh krûp
krût kult kirh gard gôfr glas glabr glad glis glob golf gofl gorj
gûfr gûrd gràs grad grad griz grôs grod grat grav grêk grif gril
grip ladr lêtr lêst larj larm lêpr lêvr libr litr list lûrd lukr lustr
luks fàbl fêbl fast fars fêrm fadr fidr fûdr fêtr fibr fifr filtr fisk
fiks flêr flâm flab flak flêh flêgm fler flev flor flot flut fodr fûdr
forj form fors fûrh fort fûrb frak frêr frôd frir frok vikr vêrb vals
vadr vast vatr vêrt vêrj vêrg vitr vril wisk wist sàbl sàbr sabr
sakr sitr salv sagl sarkl sbir sêptr skrib skrut sêkt sêgl sêrp sêks
sifl sipl sikst stiks sobr sobr sokl sold sûfl sûfr sûrs stas stal stêr
stràs stêp stuk silf svêlt zêbr zêst habr hakr hatr harj harm hart
hast hêvr hifr jasp just jidr jadr jêrh jêrm jêst jips ràfl rapt rêst
rêgl radr ratr rafl rêps ropr rofl rustr rifm strikt muskl.

Egzêrsis.

re pradr.   pre tadr.   a tadr.   a vril.   sêp tabr.   ok tobr.   no vabr.
de sabr.   e gzapl.   e klêr.   e klor.   ês kladr.   as tridr.   kô tridr.
êks trêm.   stras bûr.   os tra sism.   struk tur.   ko tridr.   as tridr.
grås ma.   spêk takl.   tri yagl.   êk strêm ma.   se rur ri.   mo dêst.
stri da.   frask.   dêk ste ri te.

Ki parl mal de so prohi kridra la medizas.   Si tu kri de gravir la
motag̃ ne kit på la plên.   Sêt harj ê trê lûrd, êl fê flehir la plah,
je kri sa prohên ruptur.   La hêvr ê mêgr.   Le hevrô megrira
akor.   Il atrepra bravma sa tåh.   Il obsêrv sa doktrin.   Il retûrn
da sa patri.   So kreyo mark a pên sur so livr.   Il a sur so kask
u mag̃ifik panah.   Votr êsklav prezat un êkskuz valabl.   La born
ê trê grôs, êl ê tro fort, êl form u redûtabl e veritabl obstakl.   Le
pris afrahi sê sêrf.   Frederik hêrh a tordr sê fêr e a lê ropr, il i
pêr sê fors.   La splader flat lê pepl.   Le skulter kom le pitr ê tenu
de konêtr la struktur du kor umi.   Se marbr admirabl me plê.
Il ê strikt obsêrvater dê statu.   Gilôm va a Si Petêrsbûrg.   Sêt
brebi etragl.   Il i a du salpêtr aprê la murål.   Le ta pêrdu ne se
retrûv jamê.   Il fô vikr la ên par la vêrtu.   Le paresê ê tûjûr pôvr.
La vijilas ê la mêr de la prosperite.   Rêst a ta bûtik, ta bûtik
te rêstera.   Le sûfl alum le harbo, un movêz parol aflâm la kolêr.
Ki don protma don dûblema.   Ekût bôkû e tu ne fera på de fôt.
A fol parol orêl sûrd.   Tût lê vêrtu so kopriz da la justis.   Le
silas ê pûr le gra parler u suplis kruêl; le babilar ig̃ora ê, pûr
sê ki ekût, u peza fardô.   A movê hemi dûbl på; a movêz têt
pên dûbl.   Ki ne sê på sûfrir ne sê på vivr.   Il fô pradr gard de
ne blese so prohi ni da sa susêptibilite ni da sa pêrson.   Il ne
fô på pradr mêm avêk la volote de radr.   Lê Part a se sôva se

returnê pûr lase ler flêh. Il abras un kôz ki va le pêrdr. Il a pri u parti êkstrêm. Il êkstravag reêlma. Il a mi la kruh sur la pûtr, il falê la mêtr sur la plah. Il fô kridr sê ki trop. Il gûvêrn abilma sa bark. La kloh apêl le prêtr a la sakristi. Le pris asist ô sakr. O trasport la glas da le tobrô. Le bef bêgl da sa grad e vast etabl. O has le sêrf prêsk ôsi fasilma ke le hevrel. O drês un tabl deva hak stal. Le sôvaj ploj plu lota ke le bla, il a lê pùmo plu devlope. Sêt ûti bral da le mah. Le hêf frap avêk fors, il afos la port. Il reklâm plus ke je ne devrê done. Kêl afrê mertr! Se mostr etragl sa marâtr; il frap so gra pêr avêk un trigl. Se ke vû dit la ê grav. Se heval a un grôs glad sû la ganah, o va êkstirpe se mal, mê je redût la morv. Il a u gra tablô da sa habr. Se mostr, se trêtr, il fera kêlk êskladr! Kêl êtr igobl! êl ispir la krit e provok la kolêr. Pra de la pûdr, mê la da le trû e fê sôte la glas. Il fraktur la port. Il fô pradr un kruh e la padr ô klû û ô krô. Il fô jete la plu grôs akr, êspero ke le mûlaj sera bo. Il fô surtû redûte de komêtr u krim. Le prêtr êkskuz nô fôt e absû nô peho. Da se peril êkstrêm, il fô vikr û mûrir. Sêt pûtr enorm surplob sur nô têt. Il gril de partir, il va desadr lê marh e ûvrir la port. Il kel dê frêz da le partêr. Il fô pradr la trigl, la mêtr kotr sêt arbr. Le pitr ê da sa habr. Le prêtr ê da la sakristi. Pra trat gri de grozêl. Ta motr retard etrajma. Il gril de drese la tabl. Il fô kridr de radr le mal pùr le mal. Tu êstropi lê mô, tu defigur lê frâz, o ne te kopra plu. Tu ekrira plu vit avêk lê lêtr fonetik. Le mêtr asêg a lir e a ekrir. Il trabl de krit de la fûdr. La pûdr eklat. Ekskuz mo trûbl e ma gôhri. Sêt elefa se sêr de sa trop. Il brav le peril. Tu travêrs la rût.

Vûayêl dûbl û diftog.

* ia iâ ia̱ ie iê iɛ iê̱ ii ii̱ io iô io̱ iu iû iu̱

ua uâ ua̱ ue uê uɛ uê̱ ui ui̱ uo uô uo̱

ûa ûâ ûa̱ ûe ûê ûɛ ûê̱ ûi ûi̱ ûo ûô ûo̱ ûû ûu̱

Egzêrsis.

pia pie piê pio̱ ia̱b biê bii̱ bio̱ mie miê mii̱ iam iêm tie tii̱ tio̱ iat
iêt dia diâ dia̱ diê dio̱ iad iod nia nie niê nio̱ ian iên ion kie kio̱
iak iok gie gio̱ iêg lia lia̱ lie liê liê̱ lii̱ lio̱ ial iêl iɛl iol iûl fia fia̱
fie fio̱ iêf vie viê viê vii̱ vio̱ iêv sia sia̱ sie siê zia zie zio̱ iâz hii̱
hiô iah jie jio̱ iêj ria̱ riê rio̱ iêr iur pua̱ pue pui bua̱ buê bui buo̱
mua muê mui uam uim uit tua tua̱ tue tui uêt dui duo̱ uad nua
nua̱ nue nui uin kua kui gua gui uig g̱ui uêg̱ lua̱ luê lui luo̱ ual
uil fui uif uav uiv sua sua̱ sue suê sui sui̱ suo̱ uas uis zui uiz
hua hue jui jui̱ rua rue rui uêr uir pûa pûâ pûê pûi̱ ûap bûa
bûâ bûe bûi bûi̱ mûa mûâ mûi mûi̱ ûim tûa tûâ tûo̱ ûat dûa dûa̱
dûe dûê ûad nûa nûâ nûe nuê nûi nûo̱ ûan kûa kûi̱ ûak gûa gûe
gûi ûig ûag̱ lûâ lûa̱ lûe lûê lûi lûi̱ lûo̱ ûal fûa fôi̱ ûaf vûa vûâ
vûe vûo̱ ûav sûa suâ sûi̱ ûas ûis zûa̱ zûi ûaz ûêz hûa hûâ hûa̱
ûah jûa jûâ jûa̱ jûe jûê jûi̱ jûo̱ ûaj ûaj̱ rûa rûâ rûa̱ rûe rûê rûi
rûo̱ ûar ûêr ûir.

Diê di kɛ lɛ jûr sûa, lɛ jûr fu.   Nɛ fê pûi̱ lɛ mal, fê lɛ bii̱ a tû ta̱.
Nɛ vûa kɛ lê ja̱ dɛ bii̱.   Il fô pra̱dr lɛ ta̱ kom il vii̱.   Diê êm sɛ lui

---

ki êm so frêr e sê proh. Promê pê mê tii le. Il vô miê se têr ke de
parle mal. Vô miê tar ke jamê. Ne fê pâ tûa mêm se ki te deplê
ka tu le vûa fêr. Sûaye muê ka vû done. Ale mûi vit pûr avûar
plutô fê. Fêt bii e lese dir. Le frui du traval ê le plu dû dê plezir.
Lese dir lê sô, le savûar a so pri. Il vô miê pêrdr ke de fêr u gi otê.
Il fô kâse la nûâ pûr maje le frui. Aprê la plui vii le bô ta.
A hemi batu, il ne krûa pûi de gâzo. Fê se ke tu dûa, ariv se ki
pûra. Miê vô dûser ke violas. Bii mal aki ne profit jamê. Petit
plui aba gra va. Lê peti ruisô fo lê grad riviêr. Ki bii fera bii
trûvera. Ne vû kotate pâ de lûe lê ja de bii, imite lê. Kordonie
mele vû de vô sûlie. A forje o devii forjero. Le mak de bo sa ê
la plu dajrêz maladi. Abodas de bii ne nui pâ. Bon renome yô
miê ke situr dore. Ûazivtê ê mêr de tû lê vis. Erê ki aplûa bii
le ta, le plu presiê de tû lê bii. La parês va si latma ke la pôvrete
ariv la premiêr. Se kûhe de boner e se leve mati so lê dê meler
mûayi de koserve sa sate e sa fortun. Tût profêsio ouêt reuni
boner e profi. Si tu ahêt le supêrflu tu vadra biitô le nesêsêr.
Ava de kosulte ta fatezi, il fô kosulte ta bûrs. Ki labûr bii
profodema, rekel abodama. Ki ne mak pûi de volote, ne mak
pûi de lûazir. Aprê jenês ûaziv, viêlês penibl. Movêz akûtumas
kit bii tar. Ûir, vûar e se têr ê difisil a fêr. Ki sarkl pê mûason
pê. Pas premiêrma, egzekut asuit. Tro grad familiarite êksklu
le rêspê. Il vô miê rûjir deva sê sablabl ke de blese sa kosias
deva diê. Ne kosidêr ke se ki ê bo, e ne vûa pâ se ki ê movê.
Aplike vû tûjûr a bii fêr se ke vû fêt. Ne vû vate jamê, kar si
par maler vû ne pûvie venir a bû de votr atrepriz, o se mokrê
de vû. Ne vû prese pâ de parle, le saj komas par ekûte. Ne
make jamê de tenir egzaktema se ke vû promete.

Apostrof *.

L'ami. L'ûti. L'orêl. J'apra. J'ûbli. S'atadr. S'eme. T'apradr. T'êstime. N'atadr. N'ûbliye. M'amuze. M'anuiye. K'o fas. K'il m'ûbli. Plu d'êspûar. Pâ d'utilite.

Egzêrsis.

J'e l'êspûar d'arive. L'u de vû n'ora pâ d'arja. N'egzije pâ d'ôtrui plu d'ûvraj k'il n'a pê fêr. J'alê t'apradr l'istûar d'u erô. L'u n'ê pâ pir ke l'ôtr. Kûa k'o diz, l'imajinâsio n'êksklu pâ la rêzo. Il n'i a k'u sel diê. S'ê diê ki a fê tû se ki ê. S'ê de diê ke je tii tû se ke j'e. Diê a l'el a tû lié, il vûa da tû lê ker. Tu vûa la pâl da l'el de to frêr, tu ne vûa pâ la pûtr da le tii. L'om just e prob jûi sel de la pê de l'âm. L'el fê sûva plus ke lê dê mi. Fê le bii sur le ha, tu n'ê pâ sur d'u jûr de vi. Il ne fô pâ vadr la pô de l'ûrs k'o ne l'ê jete partêr. Pûi d'êfê sa kôz. Ki vê k'o diz du bii de lui, ne dûa pûi mal parle d'ôtrui. U biifê n'ê jamê pêrdu. O se repa d'avûar parle, rarma de s'êtr abstenu. Ava d'ajir pas a se ke tu va fêr. Il n'i a pûi de profi ki ne kût. L'ô ki tob gût a gût fini par roje la piêr. Se n'ê pâ le tû de kûrir, il fô partir de boner. L'el du fêrmie vô du fumie. Il n'i a pûi de sô metie, il n'i a ke de sot ja. Il ne fô k'avûar du miêl, lê mûh viên biitô. Il n'ê si bo heval ki ne broh. Il n'i a si peti buiso ki ne port obr.

---

* Le mêtr êksplikra a l'êlêv l'uzaj de l'apostrof.

Parabol de Frakli sur l'amûr fratêrnél.

A se ta la il n'i avê pâ de forjero par tût la têr. E lê marha de Madia pâsê porta de la mir, du bôm e bôkû d'ûti de fêr.

E Rubi ahta un si ô marha Ismaelit; il la peya hêr, kar o n'a posêdê pâ da la mêzo de so pêr.

E Simeo lui di : Mo frêr, prêt mûa, je te pri, ta si. Mê Rubi le refuza e ne vûlu pâ.

E Levi ôsi lui di : Mo frêr, prêt mûa ta si, je te pri; e Rubi le refuza de mêm.

Alor Judâ vi trûve Rubi, e le suplia a diza : Vûayo! tu m'êm, e je t'e tûjûr eme, ne refuz pâ de me prete ta si. Mê Rubi se detûrna de lui e le refuza ôsi.

Or, il ariva ke Rubi tâla du bûâ sur le bor de la riviêr, e ke sa si toba da l'ô, e k'il ne pu venir a bû de la retrûve.

Mê Simeo, Levi e Judâ donêr de l'arja a u mesaje e l'avûayêr da le pei d'Ismaêl, pûr k'il ler raporta a haku un si.

Alor Rubi vi vêr Simeo, e lui di : Vûayo! j'e perdu ma si, e mo traval rêst a mûatie fê; prêt mûa la tiên, je te pri.

E Simeo lui repodi : Tu n'a pâ vûlu me prete ta si, je ne te pretre pâ la miên.

Alor Rubi vi trûve Levi, e lui di : Mo frêr, tu konê la pêrt ke j'e fêt, e ma pên; prêt mûa ta si, je te pri.

E Levi lui fi dê reproh a diza : Tu n'a pâ vûlu me prete ta si lorsk'êl m'êtê nesêsêr; mê je sere meler ke tûa, e je te pretre la miên.

Mê Rubi fu blese de la reprimad de Levi, e, tû kofu, il le kita, e ne pri pâ sa si; mê hêrha so frêr Judâ.

E lorsk'il fu venu ôprê de Judâ, selui si vûaya sur sa figur sa tristês e sa ot, le previ de suit a lui diza : Mo frêr, je sê se ke tu a pêrdu; mê pûrkûa te trûble? Vûayo! ma si pê nû sêrvir a tû lô dê. Pra la, je te pri, e fê kom si êl êtê la tiên.

E Rubi se jeta a so kû, e l'abrasa a plera, e lui di : Ta koplêzas é grad; ta bote a ûblie mê tor ê plu grad akor; tu ê vrêma mo frêr, e tu pê kote ke je t'emre ta ke je vivre.

E Judâ lui di : Êmo nô frêr egalma; ne som nû dok pâ tûs du mêm sa.

E Jôzéf vi sê hôz, e lô raporta a so pér Jakob.

E Jakob di : Rubi a mal fê; il s'ê repati. Simeo ôsi a mal fê; e Levi merit egalma dê reproh. Mê le kar de Judâ ê selui d'u pris. Judâ a l'âm d'u rûa, e il rêgra sur sê frêr.

Sêt parabol fê vûar k'il ê miê de se vaje a provoka dê remor k'a dona dê regré.

Parabol de Frakli sur l'itoleras.

E aprê sê hôz, il ariva k'Abraam s'asi deva sa tat vêr l'er du kûhe du solêl.

E u vûayajer, kûrbe par l'âj, ariva par le hemi du dezêr, apuiye sur u bâto.

E Abraam se leva e lui di : Atre, je vû pri, e lave vô pie, e repôze vô tût la nui, e vû vû levre de bon er demi, e vû partire miê repôze.

Mê l'om repodi : No, kar je me repozre sû sêt arbr.

E Abraam le présa avêk istas : E il atra da la tat, e Abraam fi du pi sa levi, e il majêr.

E lorsk'Abraam vi ke l'om ne priê pâ Diê, il lui di : Pûrkûa n'adore vû pâ le Diê trê ô, kreater du siêl e de la têr?

E l'om repodi : Je n'ador pâ le diê do vù parle e je n'ivok pâ so no; kar j'e u diê ki abit da ma mêzo, e pûrvûa hak jûr a mê bezûi?

E le zêl d'Abraam s'ehôfa kotr sêt om, e il se leva; e le harja de kû, il le hasa vêr le dezêr.

E ô miliê de la nui, Diê apla Abraam, diza : Abraam, û ê l'etraje.

E Abraam repodi : Seḡer, il ne vûlê pâ t'adore ni ivoke to no; s'ê pûrkûa je l'e hase de deva ma fas e rejete da le dezêr.

E Diê di : Ne l'êj pâ suporte sa katrevi uit a, e vetu, e nûri, malgre sa rebelio kotr mûa; e ne pê tu pâ, tûa ôsi, ki ê peher, le suporte?

E Abraam di : Ke la kolêr de Diê ne s'aflâm pâ kotr so sêrviter; ûi, j'e pehe, pardon mûa; je t'a supli.

E Abraam se leva, e ala da le dezêr e hêrha l'om avêk aprêsma, e le trûva, e retûrna avêk lui da sa tat; e, aprê l'avûar trete avêk bote, il le ravûaya le ladmi avêk dê preza.

E Diê parla de nùvô a Abraam, diza : A punisio de ta fôt, ta posterite sera aflije pada katr siêkl sur un têr etrajêr.

Mê vu to repatir, je la delivrere, e ôl s'elêvra da la puisas, da le kotatma du ker e da lê bii de tût êspês.

Maksim,

Pûr trûve so pi bo, laber vo miê ke ber.

Valas sa prudas ne vô, prudas sa valas ne pê.

Selui ki rekul deva sa tàh ê plu làh ke selui qui rekul deva l'ênmi.

Il ne sufi pâ de s'abstenir du mal, il fô l'apehe.

La harite n'abês ke l'igra, l'om rekonêsa ê plu fiêr de so biifêter k'umilie par le biifê.

Liêzo *.

Par z.   Nû-z êmo. Vû-z ale. Il-z o. Nô-z ami. Lê-z ar. Dê-z ênmi. Qtê-z e kofu. De gra-z om. Ale-z a Pari, je m'i ra-z ôsi. Atro he-z ê. Je vê-z i ale. Lê-z u-z e lê-z ôtr. Sui-z avêk mûa lê meler-z egzapl. De bô-z êksplûâ. Dê diskûr-z anuiyê. Dê vu-z iterese.

Par t.   Gra-t om. Bû-t a bû. Il frap-t isi. Tû-t ê-t atadu. Il pâsro-t ô hâtô. Il vel-t i ale. Il venê-t a Rûa ava-t iêr, il vo-t aktuêlma-t a Pari. O sera biitô-t a vakas. Il ê for-t êkspôze, sepada-t il fô-t akor l'i lese.

Par r.   Eme-r a bûar. Dine-r a vil. Ehûe-r ô por. Dase-r e rir. Mûle-r u lij. Se motre-r igra. Le premie-r om. Le dêrnie-r adiê. U leje-r obstakl. U sigulie-r akel.

Par n.   U-n ôtr. Mo-n epû. So-n êspûar. To-n apui. A-n ava. O-n i va. Haku-n a so tûr. Bo-n ami. Vilê-n abi. U sêrtê-n êr. U divi-n amûr. Mali-n êspri. Il ê bii-n êlve. Il n'a rii-n ekûte. L'asiê-n uzaj. Kobii-n a-n ave vû?

Par k.   U lo-k egzami. U fra-k etûrdi. U kro-k a jab. Il su sa-k e ô pûr parvenir a u ra-k êlve. Il pâs du bla-k ô nûar. Vene do-k isi. Aspê-k agreabl.

Par p.   J'êm bokû-p a rir. Il ê tro-p egoist. Kêl kû-p afrê.

Par v.   Ne-v om. Ne-v er.

Egzêrsis.

Lê bo-z ami-z avêk lê kêl vû-z ale. Lê bo-z om o-t un bon figur. Se tablô plê bôkû-p ô-z amater, l'êfê-t a-n ê-t iûnima-t erê. Lê bo-z

---

egzapl o-t un ɛrêz ifluas sur lê-z àm-z onêt. Vû dasie-z alor, il fò hate-r a preza. U-n ami veritabl nû-z avêrti de nô-z êrɛr, mê-z il le fê-t avêk menajma-t e sa-z êgrɛr. Lê-z om-z iḡora so-t ôsi lê plu-z atete. O-n êstim u jenerê-z ami. Il ê tro-p egoist pûr eme bôkû-p a oblije. L'arja bii-n aki ê bo-n a garde. L'om ki ne sê pâ-z eparḡe-r a mêm ta k'il ḡâḡ mûrra sa-z avûar u sû. Le ra-k asiḡe a hak om ê sûaḡêzma-t obsêrve. Vɛne do-k isi vûar le traval do-t il ê-t akàble. Il êm tro-p a jûe-r e a rir pûr a-n ipôze-r a sê-z elêv. Si vû vûle-z avûar de la fortun, n'aprɛne pâ sɛlma koma-t o ḡâḡ, sahe-z ôsi koma-t o menaj.

S'ê-t un ɛrɛr de krûar kɛ la pûdr a kano a ete ivate par u mûan alhimist nome Roje Bâko. De tût atikite, mêm ava lê kokét d'Alêksadr, o sɛ sêrvê du fê a la gɛr, e s'ê-t a pêrfêksiona lê matiêr propr-z a ogmate la kobustio, kɛ l'o-n ê parvɛnu pê a pê a kopôze la pûdr. O sê d'aler kɛ lê hinûà la konêsê dɛpui lota, êl ora pu nû vɛnir d'ê par lê-z Id, la Pêrs e la Turki.

Èkstrê de Gzenofo.

Il n'ê pâ pêrmi de dɛmade-r ô diê dɛ sortir viktoriê d'u koba-t a heval lorsk'o n'a pûi-t apri l'ekuitàsio; dɛ l'aporte sur d'abil-z arhe ka-t o nɛ sê pâ tire de l'ark; dɛ gûvêrne sajma-t u vêsô lorsk'o-n iḡor la manɛvr; d'avûar un abodat mûaso ka-t o n'a pûi sɛme; d'ehape-r ô peril dɛ la gɛr lorsk'o nɛ pûrvûa pâ-z a sa defas. Sê vê so kotrêr a l'ordr etabli par la divinite; il ê-t ôsi just k'il nɛ sûa pûi-t egzôse k'il l'ê parmi nû kɛ sê ki form-t un dɛmad kotrêr a la lûà esui-t u refu.

Sur la rɛkonêsas (par Frakli).

Lê-z om n'o kɛ dê-z ide-z iparfêt de lɛr devûar sur lê biɛ̄. lê-z obligàsio e la rɛkonêsas. Il ê si penibl pûr la plupar d'atr ê dɛ sɛ satir oblije, k'il ne sês de hêrhe dê rêzo e dê-z argumạ pûr prûve k'il n'o pâ-z ete debiter, û k'il-z o-t aplemạ satisfê-t a se k'il devê : Argumạ par lêkêl il ne mak.pâ de se lese fasilmạ pêrsuade-r ê mêm. Piêr ê Pol so-t etraje l'u-n ạ l'ôtr; selui-si ê-t a la vêl de se vûar arete pûr dêt; Piêr lui prêt l'arjạ nesêsêr pûr ạsure sa libêrte. Pol, devenu debiter dê Piêr, s'akit ô bû de kêlke tạ. Ne dûá-t il rii de plus? Il a sạ dût akite la dêt pekuniêr; mê la dêt de rekônêsạs lui rêst, e le lês akor debiter avêr Piêr, do la komizerâsio l'a sekûrû da-z u si grạ bezûị. Si, par la suit, Pol trûv a so tûr Piêr dạ la situâsio û il êtê lui mêm kạ selui si lui prêta so-n arjạ, il pê-t alor s'akite-r ạ parti e no atiêrmạ; car lorske Piêr prêtê-t a Pol de l'arjạ, il n'avê-t êgziste ôku biifê-t atériêr ki l'i agajạ. S'ê pûrkûạ je pas kê si Piêr se retrûv un segod fûa dạ le mêm bezûị, Pol ê tenu, s'il le pê, de lui rạdr ạkor le mêm sêrvis.

Sê reflêksio de Frạkli ne s'aplik k'a de leje sêrvis e a sê ki pev-t oblije-r a ler tûr. Mê pûr selui ki a resu u grạ biifê sạ-z êspûar dê resiprosite, le devûar k'ipôz la rekonêsạs ê biị miê regle par le ker ke par l'ekite. L'om rekonêsạ se sạ sezi d'un afêksio si viv pûr so biifêter, k'il ê gloriê-z e fiêr de sa bote; il n'eprûv oku sạtimạ d'iferiorite ni d'umiliâsio; il ne dezir plu s'akite du biịfê, il ne kopar e ne kalkul plu lê sêrvis resiprok, il apartiị-t a so biifêter, e mê so bôner a se devûe pûr lui.

Selui ki demạd ô pûvûar de le garạtir kotr la mizêr ê kom le heval ki, pûr se vaje du sêrf, tadê la bûh ô mor e le dô-z a la sêl, kar ki demạd asistạs renọs a sạ fiêrte, ki demạd protêksio renọs a so-n idepadạs, ki demạd protêksio renọs a sa libêrte. — Il n'i a pâ de libêrte sạ rêsposabilité. — Étr-ε tro sạsibl a un ofạs, s'ê rekonêtr ke l'o ne se regard pâ kom superiεr a selui ki nû-z a ofạse.

Adisio dε la vûayêl ε *.

Egzapl dεva lê mô-z aspire.

Un-ε ah. Un-ε ot. Kêl-ε ên! La grad-ὲ albard. Kêl log-ε alt!
U favorabl-ε azar. U pôvr-ε amô. Un grôs-ε ah. U-n immas-ε arȃ. La
lûabl-ε ardiês. Un bêl-ε arag. Dε viêl-ε ard. U supêrb-ε arnê. Un-ε
ôt-ε ê. U-n arbr-ε atif. D'enorm-ε ôba. Kêl admirabl-ε erô! Êl ê
tût-ε erise. Un-ε ord sôvaj. Dε bon-ε ûl. Un grad-ε uh.

Egzapl atr-ε dê koson.

Kotr-ε trûȃ. Un pûtr-ε plu log. Trûȃ mêtr-ε d'etof. Katr-ε pie.
La pêst-ε pra de la gravite; êl redûbl-ε d'itasite. U mask-ε nûar.
Il risk-ε tû. Un bûkl-ε kȃse. Un vêst-ε dehire. Mordr-ε trê for. Il
sε εrt-ε fortema. Un-ε arp-ε sonor. Il ê plu-z apt-ε kε tûa. U-n
egzapl-ε frapa. Lε va sûfl-ε violama. Il n'i va pȃ par katr-ε hemi.

Pȃtêr.

Notr-ε pêr ki êt-z ô siê, kε votr-ε no sûa saktifie, kε votr-ε rêg
ariv, kε votr-ε volote sûa fêt sur la tὲr kom ô siêl. Done nû-z
ôjûrdui notr-ε pi kotidii e pardone nû nô-z ofas kom nû pardono-z
a sê ki nû-z o-t ofase. Nε nû lese pȃ sukobe-r a la tatȃsio, mê delivre
nû du mal. Isi sûa-t il.

---

* Lε mêtr êksplikra kε l'o-n ajût la vûayêl ε a la suit dê mô finisa par un koson,
pûr apche, sûa la liêzo lorskε lε mô ki sui ê-t aspire, sûa lε hok tro rud dε sêrtên
koson final avêk lê-z inisial dê mô suiva, surtû lorskε lε premie mô sε têrmin par
pluzier koson kosekutiv. L'uzaj idik ô frasê lê sirkostas da lêkêl o dûa fêr satir sêt ε;
la lêktur de l'ekritur fonetik e la grammêr l'asêgro-t ô-z etraje.

Petisio de la mi goh ò pèrson ki o la suritadas de l'edukàsio.
(par Frakli.)

Je m'adrès a tù lè-z ami de la jenès e je lè kojur de lese tobe-r u regar de kopàsio sur mo malerê sor, afi de detruir lè prejuje do je sui la viktim. Nû som dê ser; lè dê-z yê d'u-n om ne se resabl-e pâ d'avataj; e il ne sorè vivr a mejer tèrm ke nû ne le ferio, ma ser e mûa, sa la parsialite de nò para, ki mèt-t atr-e nù lè plu-z ijuriêz distiksio. Depui mo-n afas, j'e ete êlve a kosidere ma ser kom eta d'u ra superier ò mii. O m'a lese gradir sa la mûidr istruksio, tadi ke, pûr so-n edukàsio, rii n'a ete eparge. Èl a u dè mètr-e d'ekritur, de desi, de muzik e d'òtr-z akor; mè mûa si par azar je tûhè-z u krêyo, un plum, un eguil, j'êtê sevèrma grode; e plu d'un fûa j'è ete batu pûr maladrês e pùr defò de bon maniêr. Il è vrè ke ma ser m'a asosie a èl a kêlke-z okàzio; mè-z èl se fezè tûjur u pûi d'oner de pradr la suprêm diréksio, ne m'apela ke par nesesite e pùr me fèr figure-r a so-n avataj.

N'ale pà krûar, Mèsiè, ke mè plit sûa dikte par u pur satima de vanite. No; mè pèn-z o-t un kôz bôkû plu seriêz. Da la famil a lakèl nù-z apartene, l'abitud è ke tù lè sûi nesêsèr-z a la subsistas tob sur ma ser e sur mûa. Si kêlk idispôzisio vij-t atake ma ser, e je le di-z isi a kofidas, èl è sujèt a la gùt, ò rumatism, ò krap, sa parle dè-z òtr-z aksida, kèi sera le sor de notr-e pòvr-e famil? Ne seras pà-z u sujè de regrè-z amèr pûr nô para, ke d'avûar mi-z un si grad diferas atr-e dè ser d'un egalite si parfèt? Elàs! Il nù fôdra perir de detrès, e il ne sera pà-z a mo pûvûar de parvenir mèm a grifone-r un ubl-e suplik pùr iplore dè sekùr; kar j'e ete oblije d'aplûaye-r un mi etrajèr pùr traskrir la rekêt ke j'e prezatma l'onèr de vù-z adrese.

Deꞗe, Mésié, fêr satir a mê para l'ijustis d'un tadrês êkskluziv e la nesesite de distribue-r avêk egalite lɛr sûi e lɛr afêksio atr-ɛ tû lɛr-z afa.

Jɛ sui-z avêk u profo rêspê, Mêsié, votr-ɛ trê-z ubl-ɛ sêrvat.

La mi gòh.

Diferas atr lê-z Arab e lê Kabil *.

L'Arab a lê hɛvê-z e lê-z yê nûar. Bôkû de kabil o lê-z yê blê e lê hɛvê rûj; il so jeneralma plu bla kɛ lê-z Arab. L'Arab a le vizaj ôval e lɛ kû lo. Le Kabil, ô kotrêr, a le vizaj kâre; sa têt ê plu raprohe dê-z epôl.

L'Arab ne dûa jamê fêr pâse le râzûar sur sa figur. Le Kabil se râz jusk'a sɛ k'il ê-t ati yi-t a vi-t sik a; a sêt âj, il devii-t om e lês pûse sa barb.

L'Arab se kûvr-ɛ la têt a tût sêzo, e marh lê pie hôse ka-t il le pê. Le Kabil, ete kom ivêr, par la nêj û le solêl, a tûjûr lê pie-z e la têt nu. Si par azar o-n a trûv u hôse, s'ê-t aksidatêlma, e d'un sipl-ɛ pô de bêt frêhma-t abatu. Le Kabil a pûr tû vêtma la *helúa*, êspês de hemiz de lên ki depàs lê jenû e kût de sêt a ui fra; il garati sê jab avêk dê gêtr sa pie, trikote-z a lên, kɛ l'o-n apêl *búgrús*. Pûr le traval, il mê-t u vast-ɛ tablie de kuir, kûpe kom selui de nô saper. Il pòrt le burnûs ka sê mûayi le lui pêrmêt; il le gard idefinima, sa-z ôku sûsi de sê tah ni de sê dehirur; il l'a tɛnu de so pêr, il le lêg a so fis.

L'Arab vi sû la tat; il ê nomad sur u teritûar limite. Le Kabil abit la mêzo; il ê fikse ô sol. Sa mêzo ê kostruit a piêr sêh û a brik

---

* Êkstrê de l'ûvraj sur la Kabili, du jeneral *Daumas*.

no kuit, k'il supêrpôz d'un faso ase grosiêr. Le tûâ c kûvêr a hôm, û a tuil he lê rih. Sêt êspês de kaban s'apêl *tezaka*. Êl se kopôz d'un û de dê habr. Le pêr, la mêr e lê-z afa okup-t un mûatie du bâtima, a drûat de la port-ε d'atre. Se lojma de la famil se nom *aûnés*. L'ôtr-ε parti de la mêzo, ke l'o-n apêl *adain*, situe a gôh, sêr d'etabl e d'ekuri pûr le betal e lê hevô. Si l'u dê fis de la mêzo se mari e dûa vivr da le menaj, o lui bâti so lojma ô desu.

L'Arab detêst le traval; il ê-t esasiêlma paresê. Pada ne mûâ de l'ane, il ne s'okup ke de sê plezir. Le Kabil traval enormema e a tût sêzo; la parês ê-t un-ε ot a sê-z yê. L'Arab labûr bôkû; il posêd de nobrê trûpô k'il fê pêtr; il ne plat pûi d'arbr. Le Kabil kultiv mûi de sereal, mê-z il s'okup bôkû de jardinaj. Il pâs sa vi a plate, a grefe; il kultiv lê latil, lê pûâ hih, lê fêv, lê-z artihô, lê navê, lê kokobr, lê-z ogo, lê bêtrav, le pûavr rûj, lê pastêk, lê melo, le taba; il plat dê pom de têr depui kêlke ta; il posêd dê frui de tût êspês; oliv, fig, nûâ, oraj, pûar, pom, abrikô, amad, rêzi.

La prisipal rihês du pei kosist-ε da sê-z olivie, do bôkû so grefe e ki atêg kêlkefûa lê dimasio du nûaye. Lê-z oliv, d'êkselat kalite, atr-ε pûr un grad par da la nûritur dê Kabil; mê-z il a rêst enormema-t a vadr sûa kom frui, sûa kom uil. Sêl si s'êksport-ε da dê pô de bûk, a Alje, a Bûji, a Delis, a Setif e sur tû lê marhe de l'iterier.

La têr de labûr n'eta pà trê-z abodat, u egar a la populâsio, lê Kabil n'a neglij-t ôkun parsêl. Il don dê faso-z a la têr e la kûvr-ε d'agrê, mê ne lui lês prêsk ôku repô, o la trûv rarma-t a jahêr; il ne pratik pà l'asolma.

Ler ha so-t a jeneral ase bii netûaye e kêlke-z u rad jusk'a 25 pûr 1. Le ble, batu de la faso la plu harbar, ô mûayi de torô ki traval-t a sérkl sur l'êr, e vane grosiêrma-t avêk u bû de plah, ne pâs pûi-t ô kribl; il ê kosêrve kom selui dê-z arab da dê silô û bii-n akor da de gra panie a-n ozie, ki so trê-z evâze a bâ e etragle du ô.

L'Arab n'a pûi d'idustri, proprema dit, kûa k'il kofêksion dê sêl, dê arnahma, dê mor, etc. Le Kabil, ô kotrêr, ê-t idustriyê : il bâti sa mêzo, il fê de la menuizri, il forj dê-z arm, dê kano e dê batri de fuzi, dê sâbr, dê kûtô, dê pioh, dê kard pûr la lên, dê sok pûr la hâru. Il fabrik dê bûâ de fuzi, dê pêl, dê sabô, lê metie pûr tise. Sa potri ê renome. Il fê de l'uil avêk lê-z oliv k'il rekolt da sa propriete, e kofêksion lui mêm lê mel de sê presûar. La form la plu komun dê presûar ê sêl si : u vast-e basi a bûâ, d'u sel morsô; a hak êkstremite de l'u de sê diamêtr, u mota vêrtikal ki s'atrav da-z un bâr orizotal; sêl-si, pêrse ô miliê, lês pâse un vis a bûâ, têrmine par un mel d'u diamêtr u pê iferier a selui du basi. La vis egzêrs un prêsio sur lê-z oliv plasé sû la mel e k'o-n a d'abor fê bûlir.

Lê Kabil drês-t akor dê ruh pûr lê-z abêl; il fo la sir, e ne se sêrv pûr lê pi ke de mûl travale he-z ê. Il sav kuir lê tuil do le sa kût de 2 fra a 2 fra 50 satim. Da sêrtên lokalite, o kofêksion dê dal de liêj. Il konês la hô; il-z a so du du rêst fort avar, e ne l'aplûa ke pûr blahir lê moske e lê kûba dê marabû. Pûr ler mêzo il-z utiliz le plâtr, ki parê-t abode he-z ê. La kariêr de Tizi, he lê Beni-Mesaûd, a un liê e demi de Bûji, a fûrni-t un grad katite.

L'Arab vûayaj kêlke fûa pûr trûve dê pâturaj; mê-z il ne sor jamê d'u sêrti sêrkl. He lê Kabil, u dê mabr-e de la famil s'êkspatri tûjûr momâtanema pûr ale hêrbe fortun; osi a trûv-t o a Alje, a Setif, a Bon, Filipvil, Kostatin, Tunis, partû. Il traval kom mâso, jardinie, mûasoner; il fo pêtr lê trûpô. Lors k'il-z o-t ramâse u pê d'arja, il ratr-t ô vilaj, ahêt u bef, e pui se mari.

L'Arab se kûvr de talisma; il a-n atah ô kû de sê hevô, de sê levrie, pûr lê prezêrvé du movê-z el, dê maladi, de la mor. Il vûa a tût hôz l'êfê dê sortilêj. Le Kabil ne krûa pûi-t ô movê-z el e pê ô-z amulêt. « Se ki ê-t ekri par Diê, di-t il, dûa-t arive; il n'è rii ki puis l'apehe. » Sepada-t il kosêd a sêrtên viêl fam un sêrtên ifluas.

Sê supêrstisio d'u-n ôtr ordr so nobrêz. Nû-z idikro lê prisipal. Kikok atrepra-t u vûayaj, dûa partir le ludi, jêdi û samdi; sê jûr sûri ô vûayajer. Erê selui ki komas sa rût le samdi. Le profêt preferê se jûr ô dê-z ôtr. O vûayaj, il ê vrê, le merkredi, le vadredi e le dimah, mê l'ikietud ne kit pâ le vûayajer pada tût sa kûrs. Vûar u hakal a se leva, prezaj erê; dê korbô ô moma de se mêtr a rût, moûf d'ikietud.

www.ingramcontent.com/pod-product-compliance
Lightning Source LLC
Chambersburg PA
CBHW051401060726
47596CB00005B/2017